Michael Spötter

Schlemmen in geselliger Runde

Fleischfondues

FALKEN

Heissgeliebt und vielseitig

Lieben Sie kulinarische Schlemmereien, Geselligkeit und eine stimmungsvolle Atmosphäre? Dann sollten Sie nette Leute einladen und zum Fondue bitten.

Ob an einem windstillen Sommerabend auf der Terrasse, an einem stürmischen Winterabend in der behaglichen Wohnstube oder an einem langen Samstagabend: Mit den zahlreichen Fonduevarianten können Sie immer wieder aufs neue überraschen, Sie können sie Stunde um Stunde genießen, und für Unterhaltung ist bei diesem Erlebnis garantiert gesorgt.

Erfahrene Anhänger dieser köstlichen Häppchen sagen sogar, daß ein Fondueessen die leichteste Art ist, sich näherzukommen, weil alle Beteiligten eng beieinandersitzend aus einem Topf essen.

Ein paar Kerzen und die sanft züngelnde Flamme des Rechauds lassen schnell den Alltag vergessen.

Behaglichkeit breitet sich aus. Und wenn die Flamme der Begeisterung erst einmal entzündet ist, werden Sie sich diesem kulinarischen Zauber bestimmt öfter hingeben. Schon bald wird aus Ihren geladenen Gästen ein verschworener Freundeskreis der Feinschmecker, die reihum zu einer geselligen, jeweils anders gestalteten Fondueparty bitten.

Ich wünsche Ihnen einen gelungenen Einstieg in diese Art des geselligen Essens und viele gemütliche Fondueabende!

Ihr
M. Spötter

INHALT

Schlemmereien aus einem Topf

Ein Fondue ist die gemütlichste Art des Essens. Gebrutzelt wird auf dem Tisch. Jeder kann seine Leckerbissen ganz individuell auswählen und zusammenstellen. Zwischen den Häppchen bleibt genügend Zeit für eine gesellige Unterhaltung und einen Verdauungsdrink.

FONDUEVARIATIONEN

Hierzulande am bekanntesten ist das Fondue aus dem Öltopf: Zarte Fleischwürfel werden auf lange Gabeln gespießt und in siedendem Fett kurz knusprig gegart. Dazu reicht man Saucen und kleine Beilagen.

Eine andere Variante dieser Speisenzubereitung kommt aus dem fernöstlichen China: das Fondue aus dem Brühetopf. Anstatt in Fett werden alle Zutaten – vorwiegend Gemüse, aber auch Fleisch – in einer erstklassigen Brühe schonend gegart. Das Fondue chinoise ist sehr empfehlenswert, da es leicht bekömmlich ist und man hinterher eine vorzügliche Brühe genießen kann.

Nach dieser kurzen Einführung ahnen Sie sicher schon, daß es schier endlose Möglichkeiten der Zutaten, der Kombinationen und der Variationen gibt. Kein Essen kann so vielseitig, abwechslungsreich und kreativ dargeboten werden wie ein Fondue. Aus der großen Palette der „Spielarten" haben wir für dieses kleine Buch eine Auswahl getroffen. Sozusagen als „Appetitanreger" finden Sie im Rezeptteil die beliebtesten Fondues aus dem Fett- und dem Brühetopf sowie einige ganz ausgefallene Fondues.

Die Ausstattung

Wie für die Zubereitung und das Servieren von Fleisch, Fisch oder Gemüsegerichten verschiedene Geschirrformen gebräuchlich sind, so gibt es auch für das Fondueessen ein spezielles Set. Es besteht aus dem Rechaud mit dem Spirituskocher oder dem Teelicht, den Fonduegabeln oder – etwas ausgefallener – den Garkörbchen, den Schüsselchen für die verschiedenen Beilagen, den unterteilten Eßtellern und den Eßbestecken. Selbstverständlich muß man nicht umfassend ausgestattet sein, um zum Fonduevergnügen bitten zu können. Jeder Haushalt hat ausreichend formschöne Koch- und Serviergefäße, um eine dekorative Fonduetafel zu arrangieren. Aber zwei Dinge sind unabdingbar: der Rechaud und die langen Fonduegabeln, mit denen jeder seine Zutat im großen Topf gart.

Wenn Sie erst einmal begeisterte Anhänger des Fondues sind, können Sie sich ja nach und nach die übrigen Setteile anschaffen oder zu verschiedensten Anlässen schenken lassen.

Über das Brutzeln bei Tisch

Damit Sie beim Fondueessen keinerlei unliebsame Überraschungen erleben, sollten Sie einige Hinweise beachten.

- Jedes Fondueessen – ob mit den erlesensten oder ganz alltäglichen Zutaten – ist eine urwüchsige Angelegenheit, bei der es Fettspritzer und Kleckse geben kann; berücksichtigen Sie dies beim Tischdecken.
- Stellen Sie den Fonduerechaud mit dem Topf so auf den Tisch, daß er für alle Beteiligten problemlos zu erreichen ist. Bei mehr als sechs Personen sollten Sie einen zweiten Topf aufstellen.
- Verwenden Sie für das Fettfondue nur geschmacksneutrales, hoch erhitzbares Öl oder Pflanzenfett.
- Das Fett wird vor dem Essen im Fonduetopf auf dem Herd auf etwa 180° Celsius erhitzt und dann erst auf den Rechaud gestellt. Um die richtige Temperatur zu ermitteln, halten Sie einen Holzlöffel in das Fett; wenn sich kleine Bläschen daran bilden, kann die Schlemmerei beginnen.
- Füllen Sie den Fonduetopf immer nur bis zur Hälfte mit Fett, um ein Überquellen oder Überkochen zu verhindern.
- Die Voraussetzung für ein schmackhaftes Brühefondue ist die Zubereitung einer gut gewürzten Brühe, die ebenfalls zunächst im Fonduetopf auf dem Herd erhitzt wird und – bevor sie auf dem Rechaud Platz findet – mit Salz und Pfeffer nochmals gut abgeschmeckt werden kann.
- Ob beim Fett- oder Brühefondue, die Hitze muß bei

Tisch immer reguliert werden, sonst kommt es zum Überschäumen oder zu langen Garzeiten.

- Achten Sie beim Fondue aus dem Öltopf als Gastgeber darauf, daß nie zu viele Gabeln auf einmal in den Topf gegeben werden, sonst sinkt die Temperatur des Fettes zu schnell, und das Fleisch beispielsweise kocht, statt zu braten.
- Rechnen Sie beim Einkauf für die Grundzutaten mit etwa 200–250 Gramm pro Person. Trotz der Beilagen wird im Verlauf der Stunden hier auch schon einmal etwas mehr verspeist.
- Aufgespießt wird bei Tisch immer nur eine Portion in den brodelnden Topf gegeben, denn während die eine gart, ist genug Zeit, um die andere zu verspeisen.
- Gewürzt wird in der Regel erst nach dem Garen, denn das ist eine individuelle Geschmacksangelegenheit. Salz und Pfeffer sollten also immer auf dem Tisch stehen.
- Essen Sie niemals direkt von den Fonduegabeln, Verbrennungen könnten die Folge sein.
- Undenkbar wäre ein Fondue ohne die verschiedenen Saucen und Dips, von denen wir Ihnen auf Seite 10–17 einige vorstellen. Natürlich können Sie auch eigene erfinden oder andere Zutaten wie Brot, Gurken, Nüsse, Chutneys, Essiggemüse usw. auf den Tisch stellen.
- Sollte Ihnen trotz aller Aufmerksamkeit zwischendurch einmal die Rechaudflamme ausgehen, dann füllen Sie niemals den heißen Brenner auf. Möglicherweise entzündet sich dann der Spiritus.
- Zum Abschluß eines Brühefondues füllen Sie die gehaltvolle, köstliche Flüssigkeit in angewärmte Tassen und reichen sie, mit geschnittenen Kräutern bestreut, zum Trinken.

Garzutaten

Da beim Fondue die Zutaten in kurzer Zeit gegart werden, sollten Sie nur erstklassige Qualität einkaufen. Das Fleisch muß vorschriftsmäßig abgehangen und das Gemüse darf nicht überdüngt sein.
Um sicherzugehen, daß Ihr Fleisch wirklich mürbe ist, können Sie es ein paar Tage zuvor in Öl einlegen und im Kühlschrank „reifen“ lassen. Bei den über den Fonduerezepten angegebenen Zubereitungszeiten ist diese „Reifezeit“ oder aber eine Marinierzeit nicht inbegriffen. Die Kalorien- und Jouleangaben beziehen sich auf das gesamte Fondue, die Kalorien/Joule für Saucen und Fett nicht eingeschlossen.
Schwein. Schweinefleisch hat nach etwa 4 Tagen Reifezeit die beste Qualität. Das feinste Stück ist das Filet, auch Lende oder Lummer genannt. Ebenso zu verwenden sind Teile aus der Hinterkeule, dem Rücken und dem Nacken. Wer abwechselnd mit den zarten Fleischstükken etwas Deftiges genießen möchte, bevorzugt durchwachsene Speckscheiben, frisch oder geräuchert.
Kalb. Jungrinder im Alter bis zu 3 Monaten werden als Kalb bezeichnet. Das Fleisch ist besonders zart und fettarm. Es sollte mindestens 5 Tage abgehangen sein. Für das Öl- und das Brühefondue eignen sich das Filet, der Rücken und die Keule. Kalbfleisch ist nicht immer und nicht überall zu kaufen. Sie sollten es vorbestellen.
Rind. Für ein Fondue sind vom Rind nur die edelsten Teile, wie Filet oder Roastbeef, zu empfehlen. Rindfleisch braucht eine Reifezeit von mindestens 10 Tagen. Legen Sie Ihre Fleischstücke in jedem Fall noch etwa 8 Tage in Öl und stellen es dabei kalt. Achten Sie beim Einkauf von Rindfleisch besonders auf die Qualität, da mehrere Faktoren bestimmend sind zum Beispiel Alter, Geschlecht, Fütterung. Lassen Sie sich von Ihrem Fleischer beraten.
Lamm. Das Lamm liefert ein vorzügliches Fonduefleisch weil es sehr hohe Gartemperaturen benötigt. Feinschmecker lieben den besonderen Eigengeschmack

Zu bevorzugen sind das Filet und die Koteletts. Man kann aber auch Würfel aus der Keule und der Schulter schneiden. Achten Sie auf die hellrote Farbe des Fleisches von Jungtieren.

Wild. Leider viel zu selten denkt man bei Wildfleisch an das Braten im Fonduetopf. Dabei sind ein ausgelöster Rehrücken, die besten Stükke von Damhirschen, Gemsen, Wildschwein oder ein Hasenfilet ein wahrer Festtagsschmaus. Reichen Sie am besten von jedem etwas, um herauszufinden, was Ihnen mundet.

Wildgeflügel. Auch Wildgeflügel ist nicht zu verachten. Probieren Sie im Herbst, wenn Jagdzeit ist, das Fleisch von Fasan, Wildente, Wildgans und Rebhühnern im Öl- oder Brühetopf zu garen. Delikatessengeschäfte bereiten Ihnen das Wildgeflügel küchenfertig zu.

Zuchtgeflügel. Geflügelfleisch wird beim Ölfondue meistens vernachlässigt. Dabei lassen sich das Brust- und Keulenfleisch der Hähnchen, der Enten, der Puten und des Truthahns ausgezeichnet goldgelb brutzeln.

Innereien. Stiefkinder beim Fondueessen sind auch die Innereien. Sie sollten aber in der Feinschmeckerküche nicht vergessen werden. Im heißen Fett fritiert, sind Leber, Herz, Nieren, Kalbshirn und Bries eine Delikatesse.

Fisch. Ein Fleischfondue kombiniert mit Fisch ist etwas ganz Besonderes: Aal, Hecht, Zander, Seelachs, Dorsch, Kabeljau, Seewolf, Muscheln, Krustentiere – die Liste der Meeresfrüchte, die für diesen Zweck verwendet werden können, ist lang. Lassen Sie den Fisch fachmännisch enthäuten, entgräten und in Würfel oder Streifen schneiden.

Gemüse. Beim Fondue aus dem Brühetopf wird gerne viel Gemüse verzehrt. Blanchieren Sie die Gemüsewürfel vorher, damit die Garzeiten bei Tisch nicht zu lange dauern.

Für ein Fettfondue dürfen die Gemüsesorten nicht zuviel Eigenflüssigkeit enthalten; sie müssen außerdem gut abgetrocknet werden, sonst spritzt das Fett zu sehr.

Pilze. Zucht- und Waldpilze bekommen im Fonduetopf einen ganz anderen Geschmack, als Sie ihn von anderen Zubereitungsarten kennen: das Aroma ist erheblich würziger. Pilze sind eine köstliche Bereicherung fast jeder kulinarischen Fondueschlemmerei.

Saucen und Dips

Ananasschaum

Für 4 Personen
Zubereitungszeit: ca. 8 Min.
ca. 570 kcal/2395 kJ

1 Becher Crème fraîche
2 Scheiben Ananas, püriert
einige Tropfen Zitronensaft
einige Tropfen Obstessig
einige Tropfen Rum
Salz
Pfeffer aus der Mühle
1 Prise Cayennepfeffer
1 Prise Zucker

1. Die Crème fraîche mit der Ananas in einer Schüssel mischen und schaumig aufschlagen.
2. Den Schaum abschmekken und bereitstellen.

Cocktailsauce

Für 4 Personen
Zubereitungszeit: ca. 5 Min.
ca. 940 kcal/3950 kJ

1 Tasse Mayonnaise
1 Becher Joghurt
2 EL Johannisbeergelee
2 EL Tomatenketchup
1 TL Curry
Salz
Pfeffer aus der Mühle
1 Prise Cayennepfeffer
einige Tropfen Zitronensaft
einige Tropfen Weinbrand

1. Die Mayonnaise mit dem Joghurt, dem Johannisbeergelee und dem Tomatenketchup glattrühren.
2. Mit den Gewürzen kräftig abschmecken, mit Zitronensaft und Weinbrand aromatisieren und bereitstellen.

Currysauce

Für 4 Personen
Zubereitungszeit: ca. 5 Min.
ca. 900 kcal/3780 kJ

1 Becher Crème fraîche
½ Tasse Mayonnaise
½ Tasse Weißwein
einige Tropfen Zitronensaft
2 EL Sojasauce
1 EL Honig
einige Tropfen Worcestersauce
1 TL Curry
Salz
Pfeffer aus der Mühle
1 Prise Zucker

1. Die Crème fraîche mit der Mayonnaise, dem Weißwein, dem Zitronensaft, der Sojasauce, dem Honig und der Worcestersauce in eine Schüssel geben und schaumig aufschlagen.
2. Mit Curry, Salz, Pfeffer und Zucker kräftig würzen und bereitstellen.

Dillcreme

Für 4 Personen
Zubereitungszeit: ca. 5 Min.
ca. 450 kcal/1890 kJ

1 Becher Crème fraîche
Saft von 1 Zitrone
einige Tropfen Worcestersauce
einige Tropfen Obstessig
Salz
Pfeffer aus der Mühle
1 Prise Zucker
1 Bund Dill, gehackt
einige Tropfen Weinbrand

1. Die Crème fraîche mit dem Zitronensaft, der Worcestersauce und dem Obstessig in einer Schüssel schaumig aufschlagen.
2. Mit Salz, Pfeffer und Zucker würzen und den Dill unterrühren. Mit Weinbrand pikant aromatisieren und bereitstellen.

Eierlikörsauce

Für 4 Personen
Zubereitungszeit: ca. 5 Min.
ca. 1390 kcal/5840 kJ

1 Tasse Mayonnaise
1 Tasse süße Sahne, geschlagen
4 cl Eierlikör
einige Tropfen Worcestersauce
einige Tropfen Obstessig
4 EL Kresse, gehackt
Salz
Pfeffer aus der Mühle
1 Prise Zucker

1. Die Mayonnaise mit der Sahne, dem Eierlikör, der Worcestersauce und dem Obstessig glattrühren.
2. Die Kresse unterziehen, abschmecken und bereitstellen.

Eiersauce

Für 4 Personen
Zubereitungszeit: ca. 8 Min.
ca. 1260 kcal/5270 kJ

1 Tasse Mayonnaise
1 Schuß süße Sahne
1 EL mittelscharfer Senf
1 EL Honig
einige Tropfen Zitronensaft
einige Tropfen Obstessig
einige Tropfen Worcestersauce
4 hart gekochte Eier, gehackt
Salz
Pfeffer aus der Mühle
1 TL Curry
1 Prise Cayennepfeffer

1. Die Mayonnaise mit der Sahne, dem Senf, dem Honig, dem Zitronensaft, dem Obstessig und der Worcestersauce glattrühren.
2. Die sehr fein gehackten Eier unter die Sauce heben, abschmecken und bereitstellen.

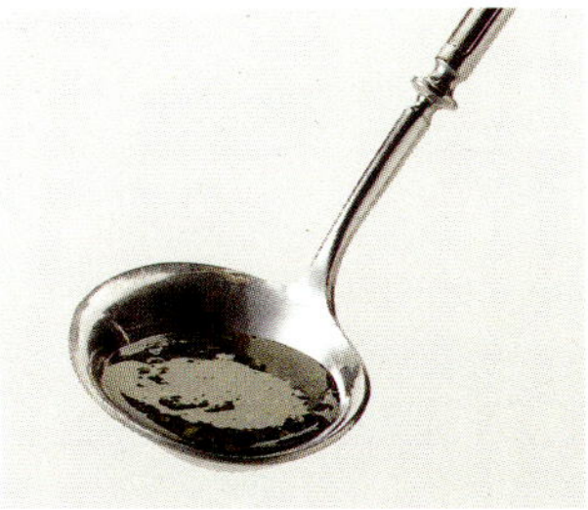

Scharfe Honigsauce

Für 4 Personen
Zubereitungszeit: ca. 5 Min.
ca. 340 kcal/1430 kJ

3 EL Honig
1½ Tassen Tomatenketchup
3 EL Obstessig
je 1 EL Schnittlauch, Zitronenmelisse und Petersilie, gehackt
2 Knoblauchzehen, gehackt
2 kleine Peperoni, gehackt
Salz
Pfeffer aus der Mühle
½ TL Curry

1. Den Honig mit dem Ketchup, dem Obstessig, den Kräutern, den Knoblauchzehen und der Peperoni verrühren.
2. Mit den Gewürzen pikant abschmecken und bereitstellen.

Kaviarsauce

Für 4 Personen
Zubereitungszeit: ca. 5 Min.
ca. 680 kcal/2855 kJ

1 Becher Crème fraîche
Saft von 1 Zitrone
einige Tropfen Obstessig
2 EL Honig
einige Tropfen Sherry
Salz
Pfeffer aus der Mühle
1 Prise Cayennepfeffer
1 kleines Glas Kaviar

1. Die Crème fraîche mit dem Zitronensaft, dem Obstessig und dem Honig in eine Schüssel geben und schaumig aufschlagen.
2. Mit Sherry aromatisieren, mit Salz, Pfeffer und Cayennepfeffer kräftig würzen.
3. Den Kaviar unter die Sauce rühren und dann bereitstellen.

Knoblauchcreme

Für 4 Personen
Zubereitungszeit: ca. 5 Min.
ca. 510 kcal/2140 kJ

1 Becher Crème fraîche
Saft von ½ Zitrone
2 EL Obstessig
1 TL Salz
4 Knoblauchzehen
Pfeffer aus der Mühle
einige Tropfen Worcestersauce
4 EL Schnittlauch, geschnitten

1. Die Crème fraîche mit dem Zitronensaft, dem Obstessig und den mit Salz zerriebenen Knoblauchzehen in eine Schüssel geben und schaumig aufschlagen.
2. Mit Salz, Pfeffer und Worcestersauce abschmekken, den Schnittlauch unterziehen und bereitstellen.

Chinesische Knoblauchsauce

Für 4 Personen
Zubereitungszeit: ca. 8 Min.
ca. 860 kcal/3610 kJ

- *4 Knoblauchzehen*
- *1 TL Salz*
- *je 1 Bund Schnittlauch und Petersilie, gehackt*
- *2 EL Honig*
- *Saft von 1 Zitrone*
- *1 Tasse Reiswein*
- *2 EL Sojasauce*
- *4 EL Sesamöl*
- *2 hart gekochte Eier, gehackt*
- *Salz*
- *Pfeffer aus der Mühle*

1. Die Knoblauchzehen mit Salz zerreiben. Mit den Kräutern, dem Honig, dem Zitronensaft, dem Reiswein und der Sojasauce in einer Schüssel verrühren.
2. Das Sesamöl tropfenweise unterrühren. Die Eier unterziehen, mit Salz und Pfeffer würzen und bereitstellen.

Krabbencreme

Für 4 Personen
Zubereitungszeit: ca. 8 Min.
ca. 1290 kcal/5420 kJ

- *1 Tasse Mayonnaise*
- *1 Tasse Crème fraîche*
- *75 g Krabbenfleisch, püriert*
- *einige Tropfen Zitronensaft*
- *einige Tropfen Obstessig*
- *einige Tropfen Worcestersauce*
- *Salz*
- *Pfeffer aus der Mühle*
- *1 Prise Zucker*
- *1 Prise Cayennepfeffer*

1. Die Mayonnaise mit der Crème fraîche in einer Schüssel schaumig aufschlagen.
2. Das Krabbenpüree unterziehen. Mit Zitronensaft, Obstessig und Worcestersauce aromatisieren, pikant abschmecken und bereitstellen.

Kräutercreme

Für 4 Personen
Zubereitungszeit: ca. 5 Min.
ca. 1190 kcal/4995 kJ

- *1 Tasse Mayonnaise*
- *1 Tasse Crème fraîche*
- *Saft von 1 Zitrone*
- *je 2 EL Petersilie, Schnittlauch und Zitronenmelisse, gehackt*
- *einige Tropfen Worcestersauce*
- *1 Prise Zucker*
- *Salz*
- *Pfeffer aus der Mühle*

1. Die Mayonnaise, die Crème fraîche und den Zitronensaft in einer Schüssel schaumig aufschlagen.
2. Die gehackten Kräuter unterrühren, mit den Gewürzen kräftig abschmecken und bereitstellen.

FEINE KRÄUTERSAUCE

Für 4 Personen
Zubereitungszeit: ca. 5 Min.
ca. 390 kcal/1640 kJ

1 Tasse Weißwein
2 EL Olivenöl
je 2 EL Petersilie, Schnittlauch und Zitronenmelisse, gehackt
2 Knoblauchzehen, fein gehackt
2 EL Essig
1 EL mittelscharfer Senf
1 hart gekochtes Ei, gehackt
Salz
Pfeffer aus der Mühle
1 Prise Zucker

1. Den Weißwein mit dem Olivenöl, den Kräutern, dem Knoblauch, dem Essig, dem Senf und dem Ei verrühren.
2. Die Sauce abschmecken und bereitstellen.

MEERRETTICH-SAUCE

Für 4 Personen
Zubereitungszeit: ca. 5 Min.
ca. 1120 kcal/4705 kJ

1 Becher süße Sahne
1 P. Sahnesteif
½ Tasse Mayonnaise
4–5 EL Meerrettich, fein gerieben
Saft von ½ Zitrone
einige Tropfen Worcestersauce
Salz
Pfeffer aus der Mühle
1 Prise Zucker

1. Die Sahne mit dem Sahnesteif steif schlagen, mit der Mayonnaise, dem Meerrettich und dem Zitronensaft in einer Schüssel verrühren.
2. Mit Worcestersauce und den Gewürzen abschmecken und bereitstellen.

PFEFFERSAUCE

Für 4 Personen
Zubereitungszeit: ca. 5 Min.
ca. 910 kcal/3820 kJ

1 Tasse Mayonnaise
1 Becher Joghurt
Saft von ½ Zitrone
2 EL Johannisbeergelee
4 EL grüne Pfefferkörner
einige Tropfen Weinbrand
je 2 EL Petersilie und Schnittlauch, gehackt

1. Die Mayonnaise mit dem Joghurt, dem Zitronensaft und dem Johannisbeergelee glattrühren.
2. Die Pfefferkörner unterziehen, mit Weinbrand aromatisieren. Die Kräuter unterheben und bereitstellen.

Preiselbeer-Sahne

Für 4 Personen
Zubereitungszeit: ca. 5 Min.
ca. 900 kcal/3780 kJ

1 Becher süße Sahne
1 P. Sahnesteif
4–5 EL Preiselbeermarmelade
einige Tropfen Zitronensaft
einige Tropfen Weinbrand
Salz
Pfeffer aus der Mühle

1. Die Sahne mit dem Sahnesteif steif schlagen, die Preiselbeermarmelade unterheben.
2. Mit Zitronensaft, Weinbrand, Salz und Pfeffer abschmecken und bereitstellen.

Remouladensauce

Für 4 Personen
Zubereitungszeit: ca. 5 Min.
ca. 1390 kcal/5840 kJ

1½ Tassen Mayonnaise
½ Tasse Crème fraîche
1 Zwiebel
1 Essiggurke
1 Röhrchen Kapern
4–5 Sardellenfilets
je 2 EL Petersilie, Sauerampfer, Kerbel und Estragon, gehackt
1 EL mittelscharfer Senf
Saft von ½ Zitrone
1 Prise Zucker
Salz
Pfeffer aus der Mühle

1. Die Mayonnaise mit der Crème fraîche in einer Schüssel mischen. Die Zwiebel, die Essiggurke, die Kapern und die Sardellenfilets sehr fein hacken oder fein wiegen.
2. Mit den Kräutern, dem Senf und dem Zitronensaft unter die Creme ziehen, pikant abschmecken und bereitstellen.

Roquefortsauce

Für 4 Personen
Zubereitungszeit: ca. 5 Min.
ca. 870 kcal/3655 kJ

100 g Doppelrahm-Frischkäse
½ Becher Crème fraîche
1 Schuß süße Sahne
50 g Roquefort oder anderen Edelpilzkäse
einige Tropfen Zitronensaft
einige Tropfen Worcestersauce
1 Prise Zucker
Salz
Pfeffer aus der Mühle
einige Tropfen Kirschwasser
2 EL Petersilie, gehackt

1. Den Frischkäse, die Crème fraîche, die Sahne und den zerdrückten Edelpilzkäse in eine Schüssel geben und schaumig aufschlagen.
2. Mit Zitronensaft, Worcestersauce, Zucker, Salz und Pfeffer kräftig würzen.
3. Mit Kirschwasser aromatisieren, die Petersilie unterziehen und bereitstellen.

Schnittlauch-sauce

Für 4 Personen
Zubereitungszeit: ca. 5 Min.
ca. 1190 kcal/5000 kJ

1 Tasse Mayonnaise
1 Tasse süße Sahne, geschlagen
1 Bund Schnittlauch, geschnitten
einige Tropfen Zitronensaft
einige Tropfen Worcestersauce
einige Tropfen Weinbrand
Salz
Pfeffer aus der Mühle
1 Prise Zucker
1 Prise Muskat

1. Die Mayonnaise mit der Sahne glattrühren und den Schnittlauch unterziehen.
2. Mit Zitronensaft, Worcestersauce und Weinbrand aromatisieren, abschmekken und bereitstellen.

Senfsauce

Für 4 Personen
Zubereitungszeit: ca. 5 Min.
ca. 1200 kcal/5040 kJ

1 Tasse Crème fraîche
1 Tasse Mayonnaise
2 EL mittelscharfer Senf
Saft von ½ Zitrone
einige Tropfen Worcestersauce
1 Prise Zucker
Salz
Pfeffer aus der Mühle
4 EL Schnittlauch, geschnitten

1. Die Crème fraîche mit der Mayonnaise, dem Senf und dem Zitronensaft schaumig aufschlagen.
2. Mit den Gewürzen kräftig abschmecken, den Schnittlauch unterziehen und bereitstellen.

Specksauce

Für 4 Personen
Zubereitungszeit: ca. 8 Min.
ca. 680 kcal/2855 kJ

50 g geräucherter, durchwachsener Speck, gewürfelt
2 EL Olivenöl
1 Zwiebel, gehackt
1 Stange Lauch, in Streifen
1 Knoblauchzehe, gehackt
1 Tasse Weißwein
2–3 EL Estragonessig
1 Tasse Kräuter, gehackt
Salz
Pfeffer aus der Mühle
1 Prise Zucker

1. Den Speck zusammen mit dem Olivenöl in einer Pfanne auslassen.
2. Die Zwiebeln, den Lauch und die Knoblauchzehe dazugeben und darin glasig schwitzen.
3. Mit Weißwein angießen, den Estragonessig unterziehen und bei mäßiger Hitze 5–6 Minuten köcheln lassen.
4. Das Gemüse vom Feuer nehmen, die Kräuter unterziehen, abschmecken und bereitstellen.

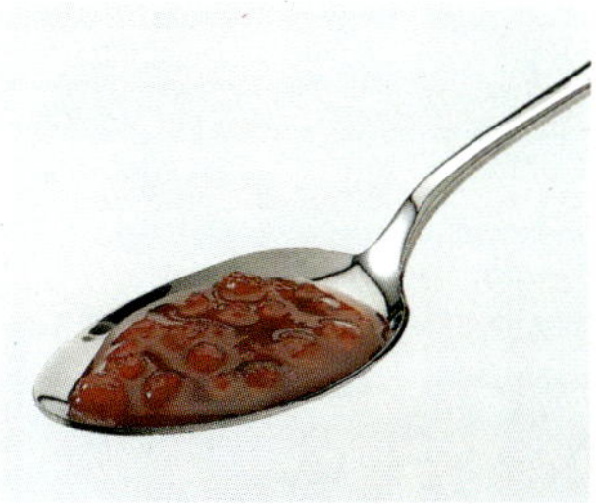

Tzatziki

Für 4 Personen
Zubereitungszeit: ca. 5 Min.
ca. 540 kcal/2270 kJ

- *100 g Magerquark*
- *1 Becher saure Sahne*
- *1 TL Salz*
- *2 Knoblauchzehen*
- *100 g frische Salatgurke*
- *Saft von ½ Zitrone*
- *1 TL Tzatzikigewürz*
- *1 Prise Zucker*
- *Salz*
- *Pfeffer aus der Mühle*
- *4 EL Schnittlauch, geschnitten*

1. Den Magerquark mit der sauren Sahne und den mit Salz zerriebenen Knoblauchzehen glattrühren.
2. Die in kleine Würfel geschnittene Salatgurke unterziehen. Mit Zitronensaft, Tzatzikigewürz, Zucker, Salz und Pfeffer kräftig abschmecken, den Schnittlauch unterziehen und bereitstellen.

Weinbrand-Preiselbeeren

Für 4 Personen
Zubereitungszeit: ca. 5 Min.
ca. 480 kcal/2015 kJ

- *1 kleines Glas Preiselbeeren*
- *2 cl Weinbrand*
- *einige Tropfen Zitronensaft*
- *Salz*
- *1 Prise Cayennepfeffer*

1. Die Preiselbeeren mit dem Weinbrand und dem Zitronensaft glattrühren, gut abschmecken und bereitstellen.

Zitronensauce

Für 4 Personen
Zubereitungszeit: ca. 5 Min.
ca. 840 kcal/3530 kJ

- *1 Becher Crème fraîche*
- *½ Tasse Mayonnaise*
- *1 kleine Zwiebel*
- *Saft von 1 Zitrone*
- *1 Bund Zitronenmelisse*
- *1 Prise Zucker*
- *Salz*
- *Pfeffer aus der Mühle*

1. Die Crème fraîche mit der Mayonnaise, der fein geriebenen Zwiebel und dem Zitronensaft in einer Schüssel schaumig aufschlagen.
2. Die verlesene, gewaschene und fein geschnittene Zitronenmelisse unterziehen. Die Sauce abschmekken und bereitstellen.

Wo es brodelt und brutzelt

Das Öl- oder Fettfondue ist die beliebteste Art, im geselligen Kreis recht ausgedehnte Eßfeste zu veranstalten. Im siedenden Fett werden zarte Fleischstücke schnell gar und erhalten rundherum eine leckere braune Kruste. Aber es muß natürlich nicht immer Filet vom Schwein oder vom Rind sein. Auch Fleisch von Geflügel und Wild ergibt einen exzellenten Schmaus.

(Farmerfondue, Rezept S. 20)

Farmerfondue

Für 4 Personen
Zubereitungszeit: ca. 35 Min.
ca. 2050 kcal/8610 kJ

1 kg Spare Ribs
½ Tasse Olivenöl
½ Tasse Bier
1 Tasse Curryketchup
1 EL grüne Pfefferkörner
1 Pfefferschote, gehackt
2 Knoblauchzehen, gehackt
2–3 EL Zuckerrübensirup
2–3 EL Weinessig
1 TL Paprikapulver
1 TL Curry
1 EL Majoran
1 TL Thymian

Außerdem:
Öl oder Pflanzenfett
1 Schale Eiersauce
1 Schale Feine Kräutersauce
1 Schale Pfeffersauce
1 Schale Mixed Pickles
1 Schale gehackte Kräuter

1. Die Spare Ribs in Stücke hacken und in eine Schüssel geben.
2. Öl, Bier, Ketchup, Pfefferkörner und -schote, Knoblauch, Sirup, Essig, Gewürze und Kräuter zu einer Marinade verrühren.
3. Das Fleisch einlegen und zugedeckt im Kühlschrank mindestens 5 Stunden ziehen lassen.
4. Das Fleisch auf Fondutellern anrichten. Das Fett im Fonduetopf erhitzen. Mit den übrigen Zutaten auf den Tisch stellen.
(auf dem Foto S. 18/19)

Picknickfondue

Für 4 Personen
Zubereitungszeit: ca. 30 Min.
ca. 3880 kcal/16 295 kJ

300 g Schweinenacken
300 g magerer Schweinebauch
4 Paar Paprika- oder Knoblauchwürstchen
1 Tasse Tomatenketchup
½ Tasse Olivenöl
½ Tasse Essig
3 EL Honig
2 Knoblauchzehen, gehackt
1 TL Majoran
1 TL Thymian
1 EL geriebene Schale einer unbehandelten Zitrone
1 TL Paprikapulver
1 TL Curry
1 Msp. Cayennepfeffer

Außerdem:
Öl oder Pflanzenfett
1 Schale Kräutercreme
1 Schale Weinbrandpreiselbeeren
1 Schale Senfsauce

1. Das Fleisch und die Würstchen in mundgerechte Stücke schneiden und in eine Schüssel geben.
2. Ketchup, Öl, Essig, Honig, Knoblauch, Kräuter, Zitronenschale und Gewürze zu einer Marinade verrühren.
3. Das Fleisch einlegen und 5 Stunden marinieren.
4. Das Fleisch auf Fonduetellern anrichten. Das Fett im Fonduetopf erhitzen. Mit den übrigen Zutaten auf den Tisch stellen.
(auf dem Foto rechts: oben)

Feuriges Lammfondue

Für 4 Personen
Zubereitungszeit: ca. 40 Min.
ca. 1420 kcal/5965 kJ

300 g Lammfilet
300 g Lammrücken ohne Knochen
1 Tasse Olivenöl
1 TL Salz
2 Knoblauchzehen
1 EL geriebene Zitronenschale
1 Pfefferschote, gehackt
1 TL Thymian
1 TL Rosmarin
1 Bund Pfefferminze, gehackt
1 Prise Cayennepfeffer
1 TL geschrotete, schwarze Pfefferkörner

Außerdem:
Öl oder Pflanzenfett
1 Schale Knoblauchcreme
1 Schale Kräutercreme
1 Schale Tzatziki

1. Das Fleisch in mundgerechte Würfel schneiden und in eine Schüssel geben.
2. Das Olivenöl mit den mit Salz zerriebenen Knoblauchzehen, der Zitronenschale, der Pfefferschote, den Kräutern, Cayennepfeffer und Pfefferkörnern verrühren und zum Fleisch geben.
3. Die Marinade und das Fleisch gut mischen. 5 Stunden ziehen lassen.
4. Das Fleisch auf Fonduetellern anrichten. Das Fett im Fonduetopf erhitzen. Mit den übrigen Zutaten auf den Tisch stellen.
(auf dem Foto rechts: unten)

Rinderfondue „Madame“

Für 4 Personen

Zubereitungszeit: ca. 25 Min.
ca. 1220 kcal/5125 kJ

300 g Rinderfilet
300 g Rumpsteak
1 Tasse Olivenöl
2 EL Sojasauce
1 EL Honig
1 TL Salz
1 Knoblauchzehe
1 EL Majoran
1 TL Thymian
1 EL geriebene Schale einer unbehandelten Zitrone
1 Prise Cayennepfeffer
einige Tropfen Weinbrand
Pfeffer aus der Mühle

Außerdem:

Öl oder Pflanzenfett
1 Schale Eierlikörsauce
1 Schale Zitronensauce
1 Schale Kräutercreme
1 Schale gehackte Nüsse

1. Das Fleisch in mundgerechte Würfel schneiden und in eine Schüssel geben.
2. Das Olivenöl mit der Sojasauce, dem Honig, der mit Salz zerriebenen Knoblauchzehe, den Kräutern, der Zitronenschale verrühren, mit Cayennepfeffer, Weinbrand, Salz und Pfeffer würzen.
3. Das Fleisch 5 Stunden marinieren.
4. Anschließend das Fleisch auf Fonduetellern anrichten. Das Fett in einem Fonduetopf erhitzen. Mit den übrigen Zutaten auf den Tisch stellen.
(auf dem Foto: links)

Feines Filetfondue

Für 4 Personen

Zubereitungszeit: ca. 30 Min.
ca. 1290 kcal/5420 kJ

200 g Rinderfilet
200 g Schweinefilet
200 g Kalbsfilet
200 g Lammfilet
1 Tasse Olivenöl
1 TL Salz
2 Knoblauchzehen
2 EL grüne Pfefferkörner
1 EL Kräuter der Provence
2 cl Weinbrand

Außerdem:

Öl oder Pflanzenfett
1 Schale Cocktailsauce
1 Schale Feine Kräutersauce
1 Schale Knoblauchcreme
1 Schale gemahlene Erdnüsse
1 Schale gehackte Kräuter

1. Das Fleisch in mundgerechte Würfel schneiden und in eine Schüssel geben.
2. Das Olivenöl mit den mit Salz zerriebenen Knoblauchzehen, den Pfefferkörnern, den Kräutern und dem Weinbrand verrühren, über das Fleisch geben und alles gut miteinander mischen.
3. Das Fleisch zugedeckt im Kühlschrank mindestens 5 Stunden marinieren.
4. Das Fleisch auf Fonduetellern anrichten. Das Fett in einem Fonduetopf erhitzen. Mit den übrigen Zutaten auf den Tisch stellen.
(auf dem Foto: rechts)

Hackfleisch-Fondue

Für 4 Personen
Zubereitungszeit: ca. 35 Min.
ca. 1910 kcal/8020 kJ

300 g Rinderhack
300 g Schweinehack
1 Zwiebel, sehr fein gehackt
½ Tasse Milch
1 altbackenes Brötchen
2 Eier
1 TL Salz
2 Knoblauchzehen
2 Peperoni, gehackt
2 EL mittelscharfer Senf
1 Prise Cayennepfeffer
1 EL Majoran
1 TL Thymian
½ Bund Petersilie, gehackt

Außerdem:
Öl oder Pflanzenfett
1 Schale Knoblauchsauce
1 Schale Eiersauce
1 Schale Mixed Pickles

1. Das Fleisch mit der Zwiebel, dem in der Milch eingeweichten, dann ausgedrückten Brötchen, den Eiern, den mit Salz zerriebenen Knoblauchzehen und den Peperoni gründlich zu einer glatten Masse verarbeiten.
2. Die Masse mit den Gewürzen abschmecken und die Kräuter unterarbeiten.
3. Mit feuchten Händen kleine Fleischklößchen drehen.
4. Die Hackbällchen auf Fonduetellern anrichten. Das Fett in einem Fonduetopf erhitzen und mit den übrigen Zutaten auf den Tisch stellen.
(auf dem Foto: unten)

Schlemmer-Fondue

Für 4 Personen
Zubereitungszeit: ca. 45 Min.
ca. 1010 kcal/4240 kJ

150 g Rinderfilet
150 g Kalbsherz
150 g Kalbsnieren
150 g Kalbsleber
2 Karotten, gewürfelt
200 g Blumenkohlröschen
200 g Rosenkohlröschen
¼ l Gemüsebrühe

Außerdem:
Öl oder Pflanzenfett
1 Schale Kräutersauce
1 Schale Weinbrand-preiselbeeren
1 Schale Pfeffersauce
1 Schale Erdnüsse, gehackt

1. Das Fleisch in Streifen oder mundgerechte Würfel schneiden. Die Innereien häuten, säubern und ebenfalls klein schneiden.
2. Das Gemüse in der Gemüsebrühe bißfest garen, herausnehmen, gut abtropfen lassen.
3. Das Fleisch und das Gemüse auf Fonduetellern anrichten. Das Fett in einem Fonduetopf erhitzen. Mit den übrigen Zutaten auf den Tisch stellen.
(auf dem Foto: oben)

Rustikales Fondue

Für 4 Personen
Zubereitungszeit: ca. 40 Min.
ca. 2450 kcal/10 290 kJ

8 kleine Lammkoteletts
150 g Lammfilet
2 Knoblauchzehen, gehackt
1 TL Thymian
1 TL Majoran
1 TL Pfefferminze
4 EL Olivenöl
2 Paar Bratwürstchen
8–12 Cocktailtomaten
1 rote Paprikaschote, gewürfelt
1 grüne Paprikaschote, gewürfelt

Außerdem:
Öl oder Pflanzenfett
1 Schale Kräutercreme
1 Schale Senfsauce
1 Schale Meerrettichsauce

1. Die Lammkoteletts halbieren, die Filets in mundgerechte Würfel schneiden.
2. Den Knoblauch mit dem Thymian, dem Majoran, der Pfefferminze und dem Öl vermischen und das Fleisch damit einreiben. Mindestens ½ Stunde im Kühlschrank ziehen lassen.
3. Die Bratwürstchen in Stücke schneiden.
4. Das Fleisch, die Bratwurst und das Gemüse auf Fondueteller anrichten. Das Fett in einem Fonduetopf erhitzen. Mit den übrigen Zutaten auf den Tisch stellen.
(auf dem Foto oben: links)

Häxchenfondue

Für 4 Personen
Zubereitungszeit: ca. 45 Min.
ca. 2210 kcal/9280 kJ

je 300 g gekochtes oder gebratenes Schweinshaxen- und Kalbshaxenfleisch
Salz
Pfeffer aus der Mühle
1 Tasse Mehl
2 Eier
2 Tassen Semmelbrösel
1 EL geriebene Schale einer unbehandelten Zitrone
4 Hähnchenkeulen
4 Karotten, in Streifen
4 Zwiebeln, in Streifen

Außerdem:
Öl oder Pflanzenfett
1 Schale Remouladensauce
1 Schale Schnittlauchsauce
1 Schale Zitronensauce
1 Schale Tzatziki

1. Das Fleisch in Würfel schneiden, mit Salz und Pfeffer würzen.
2. Im Mehl und in den verquirlten Eiern wenden.
3. Die Hähnchenkeulen klein hacken.
4. Die Semmelbrösel mit der Zitronenschale vermischen und das Fleisch darin panieren.
5. Das Fleisch, die Hähnchenkeulen und das Gemüse auf Fonduetellern anrichten. Das Fett in einem Fonduetopf erhitzen und mit den übrigen Zutaten auf den Tisch stellen.
(auf dem Foto oben: rechts)

Fondue „St. Hubertus“

Für 4 Personen
Zubereitungszeit: ca. 40 Min.
ca. 1360 kcal/5710 kJ

2 Hasenrückenfilets
2 Fasanenbrüstchen
300 g Rehfilet
einige Tropfen Weinbrand
1 EL Pfefferkörner, fein geschrotet
1 TL Wacholderbeeren, fein geschrotet
200 g Austernpilze
200 g gemischte Waldpilze (Pfifferlinge, Steinpilze, Maronen)
Saft von 1 Zitrone
3 EL Speisestärke

Außerdem:
Öl oder Pflanzenfett
1 Schale Pfeffersauce
1 Schale Preiselbeersahne
1 Schale Cocktailsauce
1 Schale Feine Kräutersauce
1 Schale Haselnüsse, gehackt

1. Das Fleisch in mundgerechte Stücke schneiden.
2. Mit Weinbrand beträufeln und die Pfefferkörner und die Wacholderbeeren kräftig hineinreiben.
3. Die Austernpilze und die Waldpilze verlesen und klein schneiden, mit Zitronensaft beträufeln und mit der Speisestärke bestäuben.
4. Die Zutaten auf Fonduetellern anrichten. Das Fett in einem Fonduetopf erhitzen und mit den übrigen Zutaten auf den Tisch stellen.
(auf dem Foto unten)

Bierteigfondue

Für 4 Personen

Zubereitungszeit: ca. 50 Min.
ca. 2330 kcal/9785 kJ

150 g Rinderfilet
2 Hähnchenbrustfilets
150 g Schweinefilet
4 EL Olivenöl
2 Knoblauchzehen
1 TL Salz
1 TL Oregano
1 TL Basilikum
einige Tropfen Weinbrand
150 g Fischfilet
einige Tropfen Zitronensaft
einige Tropfen Worcestersauce
150 g Blumenkohlröschen
150 g Brokkoliröschen

Für den Bierteig:

200 g Mehl
1 Prise Salz
¼ l dunkles Bier
1 EL Olivenöl
2 Eigelb
2 Eiweiß

Außerdem:

Öl oder Pflanzenfett
1 Schale Kräutercreme
1 Schale Remouladensauce
1 Schale Meerrettichsauce
1 Schale Preiselbeersahne

1. Das Rinderfilet, die Hähnchenbrustfilets und das Schweinefilet in mundgerechte Würfel oder Stücke schneiden.
2. Das Olivenöl in eine Schüssel geben. Die Knoblauchzehen mit Salz zerreiben, mit dem Oregano, dem Basilikum und einigen Tropfen Weinbrand unter das Öl mischen.
3. Das Gewürzöl über das Fleisch geben, gut in das Fleisch einarbeiten und mindestens 1 Stunde im Kühlschrank ziehen lassen.
4. Das Fischfilet unter fließendem Wasser abwaschen, trockentupfen, in mundgerechte Würfel zerteilen. Mit Zitronensaft und Worcestersauce beträufeln und im Kühlschrank 10 Minuten marinieren.
5. Das Gemüse verlesen, waschen und in Salzwasser blanchieren, herausnehmen und gut abtropfen lassen.
6. Für den Bierteig das Mehl, das Salz, das Bier, das Olivenöl und die Eigelbe in einer Schüssel zu einem glatten Teig verarbeiten.
7. Die Eiweiße zu sehr steifem Schnee schlagen und unter den Teig heben.
8. Das Fleisch, den Fisch und das Gemüse auf Fonduetellern anrichten. Den Bierteig in eine Schüssel geben. Das Fett in einem Fonduetopf erhitzen. Alles zusammen mit den übrigen Zutaten auf den Tisch stellen.
9. Das Fritiergut zunächst auf die Fonduegabel spießen, in den Bierteig tauchen, kurz abtropfen lassen und dann ins heiße Fett tauchen.
(auf dem Foto: oben)

Erlesenes Geflügelfondue

Für 4 Personen

Zubereitungszeit: ca. 50 Min.
ca. 1720 kcal/7225 kJ

2 Hähnchenbrustfilets
2 Entenbrustfilets
2 Fasanenbrustfilets
100 g Brokkoliröschen
100 g Karotten, gewürfelt
100 g Sellerie, gewürfelt
100 g frische Champignons
einige Tropfen Zitronensaft
einige Tropfen Worcestersauce
Salz
Pfeffer aus der Mühle
3–4 EL Speisestärke

Außerdem:

Öl oder Pflanzenfett
1 Schale Kräutercreme
1 Schale Eiersauce
1 Schale Ananasschaum

1. Das Geflügelfleisch abwaschen, trockentupfen und in Stücke schneiden.
2. Das Gemüse in Salzwasser bißfest blanchieren, herausnehmen und gut abtropfen lassen.
3. Die Champignons verlesen, waschen, gut abtropfen lassen, mit Zitronensaft und Worcestersauce beträufeln.
4. Das Gemüse mit Salz und Pfeffer würzen und mit der Speisestärke bestäuben.
5. Das Geflügelfleisch und das Gemüse auf Fondueteller anrichten. Das Fett in einem Fonduetopf erhitzen. Mit den übrigen Zutaten auf den Tisch stellen.
(auf dem Foto: unten)

Griechisches Fondue

Für 4 Personen
Zubereitungszeit: ca. 50 Min.
ca. 1610 kcal/8890 kJ

150 g Lammfilet
150 g Hähnchenbrustfilet
300 g Lammhack
1 Zwiebel, gehackt
1 Ei, 2–3 EL Semmelbrösel
1 Knoblauchzehe, gehackt
1 TL Paprikapulver, Salz
Pfeffer aus der Mühle
1 TL Pfefferminze
1 rote Paprikaschote
1 grüne Paprikaschote
1 kleine Aubergine
2 kleine Zucchini

Außerdem:
Öl oder Pflanzenfett
1 Schale Tzatziki
1 Schale Kräutercreme
1 Schale Feine Kräutersauce
1 Schale Nüsse, gehackt
1 Schale Kräuter, gehackt

1. Das Fleisch in mundgerechte Würfel schneiden, das Lammhack mit der Zwiebel, dem Ei, den Semmelbröseln, den Gewürzen und der Pfefferminze zu einer kompakten Masse verarbeiten.
2. Das Lammhack zu kleinen Bällchen drehen.
3. Das Gemüse waschen und würfeln.
4. Das Fleisch und das Gemüse auf Fonduetellern anrichten. Das Fett in einem Fonduetopf erhitzen und mit den restlichen Zutaten auf den Tisch stellen.
(auf dem Foto: links)

Gemüsefondue

Für 4 Personen
Zubereitungszeit: ca. 40 Min.
ca. 1240 kcal/5210 kJ

400 g Schweinefilet
150 g Tofu, küchenfertig
150 g Blumenkohlröschen
150 g Brokkoliröschen
150 g Karotten, gewürfelt
150 g Frühlingszwiebeln, in Stücken
150 g frische Champignons
Saft von 1 Zitrone
einige Tropfen Worcestersauce
3–4 EL Speisestärke, Salz
Pfeffer aus der Mühle

Außerdem:
Öl oder Pflanzenfett
1 Schale Kräutercreme
1 Schale Senfsauce
1 Schale Eiersauce
1 Schale Tzatziki
1 Schale Kräuter, gehackt

1. Das Schweinefleisch und den Tofu in mundgerechte Würfel schneiden.
2. Das Gemüse in Salzwasser oder Brühe bißfest blanchieren, herausnehmen.
3. Die Champignons verlesen, waschen, gut abtropfen lassen, mit Zitronensaft und Worcestersauce beträufeln.
4. Das Gemüse mit Speisestärke bestäuben, mit Salz und Pfeffer würzen.
5. Das Fleisch, den Tofu und das Gemüse auf Fondueteller anrichten. Das Fett in einem Fonduetopf erhitzen und mit den übrigen Zutaten auf den Tisch stellen.
(auf dem Foto: rechts)

Kalbfleisch-Fondue

Für 4 Personen
Zubereitungszeit: ca. 45 Min.
ca. 1890 kcal/7940 kJ

600 g Kalbfleisch
1 kleine Zwiebel
½ Tasse Milch
1 altbackenes Brötchen
2 Eier, 2 EL Crème fraîche
Saft von 1 Zitrone
einige Tropfen Worcestersauce
Salz
Pfeffer aus der Mühle
1 Prise Cayennepfeffer
½ Bund Petersilie, gehackt
2–3 EL Semmelbrösel

Außerdem:
Öl oder Pflanzenfett
1 Schale Zitronensauce
1 Schale Ananasschaum
1 Schale Senfsauce
1 Schale Kaviarsauce
1 Schale Erdnüsse, gehackt

1. Das Kalbfleisch, die Zwiebel und das in Milch eingeweichte und dann ausgedrückte Brötchen durch die feine Scheibe des Fleischwolfs drehen.
2. Die Masse mit den Eiern und der Crème fraîche verrühren, abschmecken, die Petersilie unterziehen und mit Semmelbröseln binden.
3. Die Masse mit feuchten Händen zu Bällchen drehen.
4. Die Bällchen auf Fondutellern anrichten. Das Fett in einem Fonduetopf erhitzen und mit den übrigen Zutaten auf den Tisch stellen.
(auf dem Foto: oben)

Münsterländer Fondue

Für 4 Personen
Zubereitungszeit: ca. 30 Min.
ca. 1230 kcal/5160 kJ

2 Hähnchenbrustfilets
2 Truthahnfilets
Saft von 2 Zitronen
einige Tropfen Worcestersauce
Salz
Pfeffer aus der Mühle
3–4 EL Speisestärke
2 Zwiebeln, gewürfelt
4 Karotten, gewürfelt

Außerdem:
Öl oder Pflanzenfett
1 Schale Dillcreme
1 Schale Zitronensauce
1 Schale Senfsauce
1 Schale Kräuter, gehackt

1. Die Geflügelfilets unter fließendem Wasser abwaschen, trockentupfen und in mundgerechte Würfel zerteilen.
2. Die Filets mit Zitronensaft und Worcestersauce beträufeln, mit Salz und Pfeffer würzen und im Kühlschrank 10 Minuten ziehen lassen.
3. Die Filets mit Speisestärke bestäuben.
4. Die Fleischwürfel und das Gemüse auf Fondutellern anrichten. Das Fett in einem Fonduetopf erhitzen und mit den übrigen Zutaten auf den Tisch stellen.
(auf dem Foto: unten)

Festtagsfondue

Für 4 Personen
Zubereitungszeit: ca. 40 Min.
ca. 820 kcal/3445 kJ

150 g Garnelenschwänze, küchenfertig
150 g Miesmuschelfleisch, küchenfertig
150 g Kalbsfilet (nach Belieben)
Saft von 2 Zitronen
einige Tropfen Worcestersauce
Salz, Pfeffer aus der Mühle
einige Tropfen Weinbrand
2 Knoblauchzehen, gehackt
½ Tasse Kräuter, gehackt
3–4 EL Speisestärke

Außerdem:
Öl oder Pflanzenfett
1 Schale Knoblauchcreme
1 Schale Kaviarsauce
1 Schale Cocktailsauce
1 Schale Dillcreme

1. Die Meeresfrüchte abwaschen, trockentupfen, mit dem gewürfelten Fleisch in eine Schüssel geben, mit Zitronensaft und Worcestersauce beträufeln. Salzen, pfeffern, mit Weinbrand aromatisieren. Knoblauch und Kräuter untermischen. Im Kühlschrank 10 Minuten ziehen lassen.
2. Das Fleisch und die Meeresfrüchte herausnehmen, mit Speisestärke bestäuben und auf Tellern anrichten.
3. Das Fett in einem Fonduetopf erhitzen und mit den übrigen Zutaten auf den Tisch stellen.
(auf dem Foto oben: links)

Feinschmecker-fondue

Für 4 Personen
Zubereitungszeit: ca. 50 Min.
ca. 1860 kcal/7810 kJ

150 g Rinderfilet
150 g Lammfilet
150 g Schweinefilet
8 mittelgroße Hummerkrabbenschwänze
100 g Brokkoliröschen
100 g Pariser Karotten
200 g Prinzeßböhnchen
8–12 Scheiben Frühstücksspeck

Außerdem:
Öl oder Pflanzenfett
1 Schale Cocktailsauce
1 Schale Kaviarsauce
1 Schale Kräutercreme
1 Schale Eiersauce
1 Schale Pfeffersauce

1. Das Fleisch in mundgerechte Würfel oder Streifen schneiden. Die Krabbenschwänze unter fließendem Wasser abwaschen und gut abtropfen lassen.
2. Das Gemüse in Salzwasser kurz blanchieren, herausnehmen und gut abtropfen lassen.
3. Die Prinzeßböhnchen portionsweise in je 1 Scheibe Speck wickeln.
4. Das Fleisch, die Krabbenschwänze und das Gemüse auf Fondutellern anrichten. Das Fett in einem Fonduetopf erhitzen. Mit den übrigen Zutaten auf den Tisch stellen.
(auf dem Foto oben: rechts)

Fondue „Triest“

Für 4 Personen
Zubereitungszeit: ca. 55 Min.
ca. 1460 kcal/6130 kJ

800 g Schweinefilet
2 Knoblauchzehen
1 TL Salz
1 TL geriebene Schale einer unbehandelten Zitrone
1 TL Thymian
1 TL Basilikum
1 Tasse Olivenöl
einige Tropfen Zitronensaft
einige Tropfen Worcestersauce

Außerdem:
Öl oder Pflanzenfett
1 Schale Cocktailsauce
1 Schale Currysauce
1 Schale Kräutercreme
1 Schale Zitronensauce
1 Schale Mandeln, gehackt
1 Schale Kräuter, gehackt

1. Das Filet waschen, in Scheiben schneiden und in eine Schüssel geben.
2. Die Knoblauchzehen mit Salz zerreiben, mit der Zitronenschale, den Kräutern und dem Olivenöl verrühren.
3. Das Fleisch mit Zitronensaft und Worcestersauce beträufeln. Das Gewürzöl dazugeben und das Ganze im Kühlschrank mindestens 1 Stunde ziehen lassen.
4. Das Fleisch anschließend auf Fonduetellern anrichten. Das Fett in einem Fonduetopf erhitzen und mit den Zutaten auf den Tisch stellen.
(auf dem Foto unten)

Wo es siedet und kocht

Brühefondues gibt es in der asiatischen Küche fast täglich. Die Zutaten entfalten in der leicht köchelnden Brühe ein köstliches Aroma, und je vielfältiger sie gewählt werden, um so besser schmeckt hinterher die Brühe. Kombinieren Sie beim Fondue aus dem Brühetopf Fleisch, Fisch und Gemüse, Sie werden staunen, wie gut das Ergebnis schmeckt.

(Süßsaures Zwiebelfondue, Rezept S. 38)

Süsssaures Zwiebelfondue

Für 4 Personen
Zubereitungszeit: ca. 40 Min.
ca. 4080 kcal/17 055 kJ

150 g Schweinefilet
150 g Lammfilet
2 Paar Debrecziner
2 Paar rohe Bratwürste
1 Ei, 1–2 EL Semmelbrösel
2 EL gehackte Kräuter

Außerdem:
1 Glas Weißwein
¾ l Fleischbrühe
1 Schuß Essig
3 Zwiebeln
2 Lorbeerblätter
einige Nelken
einige Senfkörner
einige Pfefferkörner
1 Prise Zucker
1 Schale Knoblauchcreme
1 Schale Senfsauce
1 Schale Mixed Pickles

1. Das Schweinefilet und das Lammfilet in dünne Streifen, die Debrecziner in Scheiben schneiden. Die Bratwurstmasse aus der Wursthaut drücken, mit dem Ei, den Semmelbröseln sowie den Kräutern verarbeiten und kleine Bällchen formen.
2. Den Weißwein mit der Fleischbrühe und dem Essig in einen Fonduetopf geben und erhitzen. Die Zwiebeln, die Lorbeerblätter, die Nelken, die Senf- und die Pfefferkörner, den Zucker dazugeben und alles bei mäßiger Hitze 8–10 Minuten ziehen lassen, abschmecken.
3. Die Fleischstreifen, die Wurstscheiben und die Fleischbällchen auf Fondutellern anrichten, mit der Brühe und den restlichen Zutaten auf den Tisch stellen.
(auf dem Foto S. 36/37)

Feinschmecker-Tip

Gerade beim Fondue mit Brühe ist es sehr wichtig, die Hauptbestandteile so auszuwählen, daß stets eine sehr kräftige und geschmacksintensive Zutat darunter ist. Die Brühe gibt dem Fleisch den Geschmack, während ja beim Ölfondue das Fleisch schon vorher sein Aroma bekommen muß. Außer geschmackgebenden Zwiebeln können Sie auch Lauch oder Porree, Frühlingszwiebeln, Fenchel oder Paprikaschoten verwenden. Bei den Brühefondues, die kein Gemüse als Aromaträger haben, müssen Sie Geschmacksstoffe in Form von Gewürzen und Kräutern ergänzen.

Feines Schinkenfondue

Für 4 Personen
Zubereitungszeit: ca. 45 Min.
ca. 2890 kcal/12 140 kJ

150 g gekochter Schinken
150 g roher Schinken
150 g Kasseler
150 g Kaiserfleisch
(jeweils am Stück)
1 Bund Frühlingszwiebeln, in Stücken
200 g Champignons
einige Tropfen Zitronensaft

Außerdem:
1 Glas Weißwein
½ l Fleischbrühe
1 mit Nelken gespickte Zwiebel
1 Becher süße Sahne
1 Schale Roquefortsauce
1 Schale Schnittlauchsauce
1 Schale Mixed Pickles

1. Schinken, Kasseler und Kaiserfleisch in mundgerechte Würfel schneiden.
2. Die Frühlingszwiebeln und die Champignons unter fließendem Wasser abwaschen. Die Champignons mit Zitronensaft beträufeln.
3. Den Weißwein und die Fleischbrühe, die gespickte Zwiebel und die Sahne in einen Fonduetopf geben und bei mäßiger Hitze 5–8 Minuten köcheln lassen, abschmecken.
4. Den Schinken und das Gemüse auf Fondutellern anrichten, mit der Brühe und den übrigen Zutaten auf den Tisch stellen.
(auf dem Foto rechts)

Brotzeitfondue

Für 4 Personen
Zubereitungszeit: ca. 45 Min.
ca. 3830 kcal/16 085 kJ

2 Paar Debrecziner
2 Paar Regensburger
2 Paar Weißwürste
2 Paar grobe Bratwürste
1 Ei, 1–2 EL Semmelbrösel
2 Zwiebeln, gewürfelt
2 Karotten, gewürfelt
1 rote und 1 grüne
Paprikaschote, gewürfelt

Außerdem:
1 Glas Bier
¾ l Fleischbrühe
1 Schuß Essig
1–2 EL Rübensirup
1 EL Majoran
1 Schale Senfsauce
1 Schale Meerrettichsauce
1 Schale Pfeffersauce

1. Die ersten drei Würstchensorten in Scheiben oder Stücke schneiden.
2. Die Bratwurstmasse aus der Wursthaut drücken, mit dem Ei und den Semmelbröseln mischen und zu kleinen Bällchen drehen.
3. Das Gemüse, die Würstchen und die Bällchen auf Fonduetellern anrichten.
4. Bier, Brühe, Essig und Sirup sowie den Majoran in einen Fonduetopf geben und bei mäßiger Hitze 5–8 Minuten köcheln lassen, abschmecken.
5. Die Brühe und die übrigen Zutaten auf den Tisch stellen.
(auf dem Foto: links)

Schwetzinger Spargelfondue

Für 4 Personen
Zubereitungszeit: ca. 55 Min.
ca. 2410 kcal/10 120 kJ

150 g Rinderfilet
150 g Kalbsfilet
150 g gekochter Schinken
150 g roher Schinken
400 g frischer Spargel, blanchiert

Außerdem:
1 Glas Weißwein
¾ l Spargelfond
2 EL Butter oder Margarine
Saft von 1 Zitrone
einige Tropfen Worcestersauce
1 mit Nelken gespickte Zwiebel
1 Schale Cocktailsauce
1 Schale Zitronensauce
1 Schale Kräutercreme
1 Schale zerlassene Butter
1 Schale Kräuter, gehackt

1. Das Fleisch und den Schinken in dünne Scheiben oder Würfel schneiden.
2. Den Spargel in mundgerechte Stücke schneiden.
3. Den Weißwein und den Spargelfond im Fonduetopf zum Kochen bringen.
4. Die Butter (Margarine), den Zitronensaft, die Worcestersauce und die gespickte Zwiebel dazugeben und bei mäßiger Hitze 5–8 Minuten köcheln, abschmecken.
5. Das Fleisch und den Spargel auf Fondueteller anrichten, mit der Brühe und den restlichen Zutaten auf den Tisch stellen.
(auf dem Foto: rechts)

Weinfondue

Für 4 Personen
Zubereitungszeit: ca. 45 Min.
ca. 1050 kcal/4410 kJ

150 g Kalbsfilet
150 g Putenbrust
150 g Gänsebrust
150 g Rehfilet
4 Karotten, in Scheiben
200 g Brokkoliröschen

Außerdem:
½ l Weißwein
½ l Fleischbrühe
2 Lorbeerblätter
einige Nelken
einige Pfefferkörner
1 Zweig Thymian
1 Zweig Estragon
1 Schale Zitronensauce
1 Schale Kräutercreme
1 Schale Preiselbeersahne
1 Schale Nüsse, gehackt

1. Das Fleisch in dünne Streifen oder kleine Würfel schneiden.
2. Das Gemüse in Salzwasser blanchieren, herausnehmen und abtropfen lassen.
3. Den Weißwein und die Fleischbrühe in einen Fonduetopf geben, die Gewürze und Kräuter dazugeben und bei mäßiger Hitze 5–8 Minuten köcheln lassen. Die Kräuterzweige herausnehmen und abschmecken.
4. Das Fleisch und das Gemüse auf Fondueteilern anrichten, mit der Brühe und den übrigen Zutaten auf den Tisch stellen.
(auf dem Foto: links)

Kräuterfondue

Für 4 Personen
Zubereitungszeit: ca. 45 Min.
ca. 760 kcal/3190 kJ

150 g Rinderfilet
150 g Hasenfilet
150 g Hähnchenbrustfilet
150 g Blumenkohlröschen
150 g Brokkoliröschen
150 g Spargelabschnitte

Außerdem:
¾ l Fleischbrühe
1 Tasse Weißwein
2 mit Nelken gespickte Zwiebeln
je 1 Zweig Thymian, Estragon, Basilikum und Oregano
2 Knoblauchzehen, gehackt
1 Schale Kräutercreme
1 Schale Dillcreme
1 Schale Meerrettichsauce
1 Schale Tzatziki
1 Schale Eiersauce
1 Schale gehackte Kräuter

1. Das Fleisch in Streifen oder Würfel schneiden.
2. Das Gemüse in Salzwasser kurz blanchieren, herausnehmen und bereitstellen.
3. Die Fleischbrühe mit dem Weißwein, der gespickten Zwiebel, den Kräutern und den Knoblauchzehen in einen Fonduetopf geben und bei mäßiger Hitze 5–8 Minuten köcheln lassen. Die Kräuterzweige herausnehmen.
4. Das Fleisch und das Gemüse auf Fondueteilern anrichten, mit der Brühe und den übrigen Zutaten auf den Tisch stellen.
(auf dem Foto: rechts)

Pariser Fondue

Für 4 Personen
Zubereitungszeit: ca. 55 Min.
ca. 2540 kcal/10 670 kJ

150 g Rinderfilet
150 g Rehfilet
150 g Lammfilet
100 g Brokkoliröschen
100 g Pariser Karotten
100 g Spargelabschnitte
100 g Frühlingszwiebeln
8–12 gefüllte Weinblätter

Außerdem:
¼ l Champagner
½ l Fleischbrühe
1 Becher süße Sahne
je 1 Zweig Kerbel, Estragon und Thymian
1 Prise Safran
1 Schale Ananasschaum
1 Schale Feine Kräutersauce
1 Schale Weinbrand-preiselbeeren
1 Schale Cocktailsauce
1 Schale Eiersauce
1 Schale Pfeffersauce

1. Das Fleisch klein schneiden und das Gemüse blanchieren.
2. Das Fleisch, das Gemüse und die Weinblätter auf Fonduetellern anrichten.
3. Den Champagner mit der Fleischbrühe, der Sahne und den Kräutern und dem Safran in einen Fonduetopf geben, zum Kochen bringen und 5 Minuten ziehen lassen. Die Kräuterzweige herausnehmen und abschmecken.
4. Die Brühe und die Zutaten auf den Tisch stellen.
(auf dem Foto oben)

Waldlerfondue

Für 4 Personen
Zubereitungszeit: ca. 55 Min.
ca. 2930 kcal/12 395 kJ

150 g Rehfilet
150 g Wildschweinfilet
150 g Schweinefilet
150 g Frühstücksspeck
150 g Pfifferlinge
1 Bund Frühlingszwiebeln, in Stücken

Außerdem:
1 Glas trockener Rotwein
½ l Fleischbrühe
1 Becher süße Sahne
2 EL Preiselbeermarmelade
je 1 Zweig Thymian und Majoran
2 EL Edelpilzkäse, gerieben
1 Schale Weinbrand-preiselbeeren
1 Schale Feine Kräutersauce
1 Schale Specksauce
1 Schale Zwiebeln, gehackt

1. Fleisch und Speck klein schneiden, Pilze verlesen und Zwiebeln abwaschen.
2. Den Rotwein, die Fleischbrühe, die Sahne, die Preiselbeeren, die Kräuterzweige und den Edelpilzkäse in einen Fonduetopf geben, zum Kochen bringen und 5 Minuten ziehen lassen. Die Kräuterzweige herausnehmen und abschmecken.
3. Das Fleisch, den Speck, die Pilze und die Frühlingszwiebeln auf Fonduetellern anrichten, mit der Brühe und den restlichen Zutaten auf den Tisch stellen.
(auf dem Foto unten: links)

Tomatenfondue

Für 4 Personen
Zubereitungszeit: ca. 50 Min.
ca. 1850 kcal/7770 kJ

150 g Schweinefilet
150 g Rumpsteak
150 g Putenbrustfilet
2 Paar Debrecziner
1 weißer Rettich, gewürfelt
1 rote Paprikaschote, gewürfelt
8–12 Cocktailtomaten

Außerdem:
¼ l Sangrita Pikante
1 Glas Rotwein
½ l Fleischbrühe
1 Peperone
2 Knoblauchzehen
1 TL Salz
je 1 Zweig Thymian und Majoran
1 Schale Zitronensauce
1 Schale Meerrettichsauce
1 Schale Remouladensauce
1 Schale Nüsse, gehackt

1. Fleisch und Würstchen klein schneiden, mit dem Gemüse und den Tomaten auf Tellern anrichten.
2. Den Sangrita Pikante mit dem Rotwein und der Fleischbrühe sowie den Gewürzen und den Kräutern in einen Fonduetopf geben und zum Kochen bringen, bei mäßiger Hitze 5–8 Minuten ziehen lassen. Die Kräuterzweige herausnehmen und abschmecken.
3. Das Fleisch und das Gemüse auf den Fonduetellern, die Brühe und die übrigen Zutaten auf den Tisch stellen.
(auf dem Foto unten: rechts)

Käse-Sahne-Fondue

Für 4 Personen
Zubereitungszeit: ca. 45 Min.
ca. 2030 kcal/8525 kJ

150 g Hähnchenbrustfilet
150 g Schweinefilet
150 g Kalbsfilet
150 g Kalbsleber
100 g Brokkoliröschen
100 g Blumenkohlröschen
100 g Stangensellerie, in Stücken
8–12 Cocktailtomaten

Außerdem:
1 Glas Weißwein
¾ l Geflügelbrühe
1 Becher süße Sahne
3–4 EL geriebener Parmesan
je 1 Zweig Oregano und Basilikum
1 Schale Zitronensauce
1 Schale Pfeffersauce
1 Schale Currysauce

1. Das Fleisch und die gesäuberte Leber in Streifen schneiden.
2. Das Gemüse blanchieren. Die Tomaten waschen.
3. Das Fleisch, das Gemüse und die Cocktailtomaten auf Fonduetellern anrichten.
4. Wein, Brühe und Sahne in einem Fonduetopf zum Kochen bringen.
5. Den Parmesankäse und die Kräuter unterziehen und 5 Minuten ziehen lassen. Die Kräuterzweige herausnehmen und abschmecken. Mit den übrigen Zutaten auf den Tisch stellen.
(auf dem Foto: unten)

Fondue aus Piemont

Für 4 Personen
Zubereitungszeit: ca. 50 Min.
ca. 2040 kcal/8570 kJ

200 g Rinderfilet
200 g Fasanenbrustfilet
200 g roher Schinken
100 g Brokkoliröschen
100 g Spargelabschnitte
100 g Zuckererbsen
8–10 Cocktailtomaten

Außerdem:
2 EL Butter
1 Knoblauchzehe, gehackt
1 Zwiebel, gehackt
1 große Dose geschälte Tomaten
¼ l Fleischbrühe
je 1 Zweig Oregano und Basilikum
2 EL geriebener Parmesankäse
1 TL geriebene Schale einer unbehandelten Zitrone
1 Schale Meerrettichsauce
1 Schale Roquefortsauce
1 Schale Cocktailsauce
1 Schale Schnittlauchsauce

1. Das Fleisch und den Schinken in dünne Scheiben oder Würfel schneiden.
2. Das Gemüse in Salzwasser kurz blanchieren, herausnehmen und gut abtropfen lassen. Dann die Tomaten waschen.
3. Die Butter in einem Fonduetopf erhitzen, Knoblauch und Zwiebel darin glasig schwitzen, mit den Tomaten und der Fleischbrühe auffüllen. Die Kräuterzweige dazugeben und bei mäßiger Hitze 5–8 Minuten köcheln lassen. Die Zweige herausnehmen.
4. Den Parmesankäse und die Zitronenschale dazugeben, abschmecken.
5. Das Fleisch, den Schinken, das Gemüse und die Tomaten auf Fonduetellern anrichten, mit der Brühe und den restlichen Zutaten auf den Tisch stellen.
(auf dem Foto: oben)

Feinschmecker-Tip

Bei jedem Fondue, ob mit Brühe oder mit Fett, ist der persönliche Geschmack der Ratgeber beim Einkauf. Lassen Sie sich gerade bei der Zubereitung von Fondues nicht allzusehr auf bestimmte Zutaten festlegen. So können Sie je nach Jahreszeit das Gemüseangebot auf dem Markt voll ausschöpfen und die saisonalen Produkte stets einbeziehen.
Wie beim Gemüse, so ist es auch beim Fleisch. Wählen Sie die Fleischsorten aus, die bei Ihnen und bei Ihren Gästen am beliebtesten sind.
Bei allen Fondues ist es erlaubt, auch einmal ein Stückchen Fisch oder Meeresfrüchte mit anzubieten.

Badisches Innereienfondue

Für 4 Personen
Zubereitungszeit: ca. 50 Min.
ca. 1840 kcal/7730 kJ

150 g Kalbsnieren
150 g Schweineleber
150 g Geflügelleber
150 g Kalbsbries, blanchiert
200 g frische Champignons
Saft von 1 Zitrone
1 Bund Frühlingszwiebeln, in Stücken
200 g kleine Möhrchen, blanchiert

Außerdem:
¼ l Fleischbrühe
1 Becher süße Sahne
1 Glas Weißwein
je 1 Zweig Thymian und Estragon
1 Schale Schnittlauchsauce
1 Schale Cocktailsauce
1 Schale Remouladensauce

1. Die küchenfertigen Innereien klein schneiden.
2. Die Champignons putzen, waschen, gut abtropfen lassen und mit Zitronensaft beträufeln. Mit den Innereien, den Frühlingszwiebeln und den Möhrchen anrichten.
3. Die Fleischbrühe mit der Sahne, dem Weißwein und den Kräutern in einen Fonduetopf geben und bei mäßiger Hitze 5 Minuten köcheln lassen. Die Kräuterzweige herausnehmen.
4. Die Brühe und die übrigen Zutaten auf den Tisch stellen.
(auf dem Foto: links)

Gartenfondue

Für 4 Personen
Zubereitungszeit: ca. 50 Min.
ca. 2040 kcal/8570 kJ

150 g Brokkoliröschen
150 g Blumenkohlröschen
4 Karotten, in Scheiben
1 Stück Stangensellerie, gewürfelt
4 kleine Zwiebeln, gewürfelt
500 g Rinderfilet

Außerdem:
1 Glas Weißwein
½ l Gemüsebrühe
je 1 Zweig Oregano und Basilikum
1 Becher süße Sahne
2 EL Speisestärke
einige Tropfen Zitronensaft
1 Schale Feine Kräutersauce
1 Schale Zitronensauce
1 Schale Meerrettichsauce

1. Das Gemüse in Salzwasser blanchieren, herausnehmen und gut abtropfen lassen. Zwiebeln und in Streifen geschnittenes Filet auf Fondutellern anrichten.
2. Den Weißwein mit der Brühe und den Kräutern in einen Fonduetopf geben und zum Kochen bringen. 5–8 Minuten köcheln lassen, die Kräuter herausnehmen.
3. Die Sahne und die Speisestärke miteinander verrühren und die Brühe damit binden. Mit Zitronensaft verfeinern und abschmecken.
4. Die Brühe und die übrigen Zutaten auf den Tisch stellen.
(auf dem Foto: rechts)

Fondue „Walpurgishof"

Für 4 Personen
Zubereitungszeit: ca. 50 Min.
ca. 1390 kcal/5840 kJ

150 g Rinderfilet
150 g Kalbsfilet
150 g Schweinefilet
150 g Hummerkrabben-schwänze, küchenfertig
Saft von 1 Zitrone
einige Tropfen Worcestersauce
einige Tropfen Weinbrand
400 g Gemüse (Sellerie, Karotten, Lauch), zerkleinert

Außerdem:
1 Glas Weißwein
¾ l Fleischbrühe
2 cl Sherry medium
1 mit Nelken gespickte Zwiebel
je 1 Zweig Dill und Estragon
1 Schale Dillcreme
1 Schale Senfsauce
1 Schale Kaviarsauce
1 Schale Remouladensauce
1 Schale Mixed Pickles

1. Das Fleisch unter fließendem Wasser abwaschen, trockentupfen und klein schneiden. Die Hummerkrabbenschwänze mit Zitronensaft und Worcestersauce sowie Weinbrand beträufeln.
2. Das Gemüse in Salzwasser blanchieren.
3. Den Weißwein mit der Fleischbrühe und dem Sherry sowie der gespickten Zwiebel und den Kräutern in einem Fonduetopf zum Kochen bringen und 5 Minuten ziehen lassen. Die Kräuterzweige herausnehmen.
4. Die Filetwürfel, die Krabbenschwänze und das Gemüse auf Fonduetellern anrichten, mit der Brühe und den restlichen Zutaten auf den Tisch stellen.

Feinschmecker-Tip

Bei der Zubereitung einer Fleischbrühe für das Fondue sollten Sie immer die besten Grundprodukte verwenden. Damit die Fondue-brühe auch wirklich gelingt, sollten Sie sie schon am Vortag kochen.
Hierfür werden etwa 500 Gramm Ochsenfleisch, einige Rinderknochen sowie einige Markknochen kurz in kochendem Wasser blanchiert und anschließend mit 2 Liter kaltem Wasser und geputztem Suppengrün, Salz und Pfeffer angesetzt. Gewürze wie Nelken, Wacholderbeeren, Lorbeerblätter und Pfefferkörner werden erst nach dem Aufkochen in die Brühe gegeben. Die Brühe muß nun bei geringer Hitze mindestens 1½–2 Stunden sieden. Während der Garzeit wird die Brühe öfter mit einer Schaumkelle abgeschäumt.

Rheingauer Spezialitäten-Fondue

Für 4 Personen

Zubereitungszeit: ca. 55 Min.
ca. 1310 kcal/5500 kJ

150 g Rinderfilet
150 g Schweinefilet
150 g Kalbsnieren, küchenfertig
150 g Zanderfilet
Saft von 1 Zitrone
einige Tropfen Worcestersauce
4 Karotten, in Scheiben
1 kleiner Sellerie, gewürfelt
1 kleine Stange Lauch, in Ringen
2 Zwiebeln, gewürfelt

Außerdem:

1 Glas Weißwein
½ Tasse Obstessig
¾ l Fleischbrühe
1 mit Nelken gespickte Zwiebel
je 1 Zweig Thymian und Kerbel
1 Schale Dillcreme
1 Schale Meerrettichsauce
1 Schale Currysauce
1 Schale Senfsauce
1 Schale Pfeffersauce

1. Rinderfilet, Schweinefilet und Nieren unter fließendem Wasser abwaschen, trokkentupfen und in mundgerechte Würfel schneiden. Das gewürfelte Zanderfilet mit Zitronensaft und Worcestersauce beträufeln.
2. Das Gemüse außer den Zwiebeln in Salzwasser kurz blanchieren, herausnehmen und gut abtropfen lassen.
3. Den Weißwein, den Obstessig, die Fleischbrühe, die gespickte Zwiebel und die Kräuter in einen Fonduetopf geben und bei mäßiger Hitze 5–8 Minuten ziehen lassen. Die Kräuterzweige herausnehmen und abschmecken.
4. Die Fleischwürfel, die Fischwürfel und das Gemüse auf Fondutellern anrichten, mit der Brühe und den restlichen Zutaten auf den Tisch stellen.
(auf dem Foto oben)

Feinschmecker-Tip

Jede Region hat ihre eigenen Produkte, die besonders gerne in der jeweiligen Landesküche verwendet werden. Meistens treffen diese einheimischen Grundprodukte den Geschmack Ihrer Gäste am besten, ganz abgesehen davon, daß sie auch besonders gut schmecken.
Die kurzen Transportwege und die geringen Lagerzeiten haben eben große Auswirkungen auf Geschmack und Qualität von Frischprodukten. Verwenden Sie also getrost einfache Zutaten, die Sie kennen und von denen Sie wissen, wie sie schmecken.

Vorspeisen-Fondue

Für 4 Personen

Zubereitungszeit: ca. 40 Min.
ca. 2470 kcal/11 215 kJ

100 g Rinderfilet
100 g roher Schinken
2 Schillerlocken
2 geräucherte Forellenfilets

Außerdem:

1 Glas Champagner
¼ l Fleischbrühe
1 Becher süße Sahne
2 EL Parmesankäse
je 1 Zweig Estragon und Kerbel
1 Prise Zucker
1 Prise Muskat
1 Schale Kaviarsauce
1 Schale Cocktailsauce
1 Schale Kräutercreme

1. Das Rinderfilet und den Schinken in dünne Streifen oder Würfel schneiden. Die Schillerlocken und die Forellenfilets in mundgerechte Stücke schneiden.
2. Den Champagner mit der Fleischbrühe, der Sahne dem Parmesankäse und den Kräuterzweigen in einen Fonduetopf geben, zum Kochen bringen und 5 Minuten ziehen lassen. Die Kräuter herausnehmen und pikant abschmecken.
3. Das Fleisch, die Fischfilets und den Schinken auf Fonduetellern anrichten, mit der Brühe und den restlichen Zutaten auf den Tisch stellen.
(auf dem Foto unten)

AUSSERGEWÖHNLICHES AUS DEM FONDUETOPF

Das Fondue hat seinen Siegeszug rund um die ganze Welt angetreten. So entstanden im Öl- und im Brühetopf exotische Feinschmeckerfondues, die heute unverwechselbar zu den jeweiligen landestypischen Klassikern gehören.

(Indonesisches Spießchenfondue, Rezept S. 56)

Indonesisches Spiesschen-Fondue

Für 4 Personen
Zubereitungszeit: ca. 55 Min.
ca. 1560 kcal/6550 kJ

200 g Schweinefilet
200 g Hähnchenbrustfilet
200 g Entenbrustfilet
8–12 Hummerkrabbenschwänze
1 kleine Ananas, gewürfelt
1 Banane, gewürfelt
1 Gemüsezwiebel, gewürfelt
einige Tropfen Zitronensaft
2 Zucchini, in Scheiben
200 g frische Champignons
1 Tasse Sherry trocken
½ Tasse Olivenöl
½ Tasse Obstessig
2 Knoblauchzehen, gehackt
1 Peperone, gehackt
2 Ingwernüsse, gehackt

Außerdem:
Öl oder Pflanzenfett
1 Schale Sojasauce
1 Schale Currysauce
1 Schale Schnittlauchsauce
1 Schale Erdnüsse, gehackt

1. Das Fleisch in Würfel schneiden und die Krabbenschwänze schälen.
2. Je nach Geschmack Fleisch, Krabbenschwänze, Früchte, Zwiebel und die mit Zitronensaft beträufelten Champignons auf kleine Holzspießchen oder Zahnstocher stecken.
3. Den Sherry mit dem Olivenöl, dem Obstessig und den Gewürzen verrühren und die Spießchen damit einstreichen. Im Kühlschrank mindestens 1 Stunde marinieren lassen.
4. Die Spießchen anrichten, das Fett in einem Fonduetopf erhitzen und mit den restlichen Zutaten auf den Tisch stellen.
(auf dem Foto S. 54/55)

Feinschmecker-Tip

Eine besondere Spezialität der indonesischen Küche ist die Erdnußsauce. Sie wird zu sehr vielen Gerichten serviert und ist auch für unsere indonesischen Spießchen eine pikante Beilage.
Für die Erdnußsauce werden etwa 1 Tasse gesalzene Erdnüsse mit einer Peperone und 1 Tasse Fleisch- oder Geflügelbrühe püriert. Anschließend wird das Püree zum Kochen gebracht und mit angerührter Speisestärke je nach Geschmack abgebunden. Verfeinern kann man diese Sauce mit Soja- oder Austernsauce, mit Honig und Tomatenketchup oder ganz einfach mit Crème fraîche. Als kalte oder warme Beilage ist die Erdnußsauce eine Delikatesse.

Fondue für Geniesser

Für 4 Personen
Zubereitungszeit: ca. 35 Min.
ca. 2640 kcal/11090 kJ

8–12 Scheiben Hasenrückenfilet
8–12 Lammkoteletts
1 Tasse Olivenöl
Salz, Pfeffer aus der Mühle
2 EL Honig
2 EL Essig
1 Knoblauchzehe
1 TL Salz
1 EL geriebene Schale einer unbehandelten Zitrone
1 TL geschrotete Pfefferkörner
1 TL geschrotete Wacholderbeeren
1 TL Majoran
1 TL Thymian

Außerdem:
Öl oder Pflanzenfett
1 Schale Feine Kräutersauce
1 Schale Weinbrandpreiselbeeren
1 Schale Cocktailsauce

1. Das Fleisch klein schneiden und in eine Schüssel geben.
2. Für die Marinade das Olivenöl mit den Gewürzen und den Kräutern verrühren, über das Fleisch geben und im Kühlschrank 6–8 Stunden ziehen lassen.
3. Das Fleisch auf Fondeutellern anrichten. Das Fett in einem Fonduetopf erhitzen und mit den restlichen Zutaten auf den Tisch stellen.
(auf dem Foto rechts)

GEBACKENE FONDUE-SPEZIALITÄTEN

Für 4 Personen
Zubereitungszeit: ca. 35 Min.
ca. 2870 kcal/12050 kJ

100 g Brokkoliröschen
100 g Blumenkohlröschen
100 g Rosenkohlröschen
100 g Karotten, gewürfelt
200 g Schweinefilet
200 g Rinderfilet
200 g Lammfilet
2 Knoblauchzehen
1 TL Salz
1 Tasse Olivenöl
1 Zwiebel
1 EL grüne Pfefferkörner
1 EL Kräuter der Provence

Für den Teig:
250 g Mehl
1 Tasse Milch
2 Eigelb
1 EL geriebene Schale einer unbehandelten Zitrone
1 Prise Salz
2 Eiweiß

Außerdem:
Öl oder Pflanzenfett
1 Schale Cocktailsauce
1 Schale Eiersauce
1 Schale Kräutercreme
1 Schale Pfeffersauce

1. Die Brokkoliröschen, die Blumenkohlröschen und die Rosenkohlröschen verlesen, waschen, abtropfen lassen.
2. Die Karotten mit dem restlichen Gemüse in Salzwasser 6–8 Minuten blanchieren, herausnehmen und bereitstellen.
3. Das Schweinefilet, das Rinderfilet und das Lammfilet unter fließendem Wasser abwaschen und trockentupfen.
4. Das Fleisch in mundgerechte Würfel schneiden und in eine Schüssel geben.
5. Für die Marinade die Knoblauchzehen mit Salz zerreiben und mit dem Olivenöl verrühren.
6. Die Zwiebel schälen, fein reiben, mit den Pfefferkörnern und den Kräutern der Provence unter die Marinade ziehen.
7. Die Marinade dann zum Fleisch geben, alles gut miteinander vermischen und im Kühlschrank mindestens 3–4 Stunden ziehen lassen.
8. Das Mehl in eine Schüssel sieben. Die Milch, die Eigelbe, die Zitronenschale und das Salz dazugeben und zu einem glatten Teig rühren.
9. Die Eiweiße zu steifem Schnee schlagen und unter den Teig heben.
10. Die Fleischwürfel, das Gemüse und den Teig in dekorative Schüsseln füllen. Das Fett in einem Fonduetopf erhitzen, mit den restlichen Zutaten auf den Tisch stellen.
11. Jeweils Gemüse oder Fleisch auf die Fonduegabel spießen, durch den Teig ziehen und dann ins heiße Fett halten.

Chinesisches Fondue

Für 4 Personen
Zubereitungszeit: ca. 35 Min.
ca. 880 kcal/3695 kJ

100 g Rinderfilet
100 g Kalbsfilet
100 g Kalbsleber
100 g Kalbsnieren
100 g Entenbrustfilet
100 g frische Champignons, in Scheiben
100 g Karotten, in Streifen
100 g Brokkoliröschen, blanchiert
100 g Mangold, in Streifen
100 g Sojabohnenkeimlinge

Außerdem:
1 l Geflügelbrühe
1 Knoblauchzehe, gehackt
2 Ingwernüsse, gehackt
½ Tasse Obstessig
½ Tasse Sojasauce
2 EL Honig
1 Schale Krabbencreme
1 Schale Scharfe Honigsauce
1 Schale Chinesische Knoblauchsauce

1. Das Fleisch, die gesäuberten Innereien und das Entenbrustfilet in Scheiben oder Streifen schneiden.
2. Das Fleisch, die Innereien und die Entenbrustfilets mit dem Gemüse und den Keimlingen dekorativ in kleinen Schälchen anrichten.
3. Die Geflügelbrühe mit dem Knoblauch, den Ingwernüssen, dem Obstessig, der Sojasauce und dem Honig in einen Fonduetopf geben und bei mäßiger Hitze 5–8 Minuten köcheln lassen.
4. Die Schälchen, die Brühe und die übrigen Zutaten auf den Tisch stellen. Je nach Geschmack Fleisch, Innereien, Entenbrustfilet, Gemüse und Keimlinge portionsweise in Garkörbchen geben und in der Brühe garen.

Feinschmecker-Tip

Für das chinesische Fondue sollten Sie sich auf alle Fälle einige Eßstäbchen und, was zum Garen der Produkte wichtig ist, auch einige Garkörbchen, besorgen. Diese Utensilien tragen nicht nur zur Vervollständigung Ihrer Fondueausrüstung bei, sondern sorgen zusätzlich für die Stimmung.
Stäbchen und Garkörbchen bekommen Sie in gut sortierten Warenhäusern oder aber in den speziellen Chinaläden, die es mittlerweile fast in jeder größeren Stadt gibt. Das gleiche gilt auch für spezielle Gemüsesaucen, die Sie ebenfalls dort bekommen.

FLEISCHFONDUE „HONGKONG"

Für 4 Personen
Zubereitungszeit: ca. 35 Min.
ca. 1850 kcal/7770 kJ

300 g Schweinefilet
300 g Schweineleber, küchenfertig
je 1 rote und grüne Paprikaschote, gewürfelt
1 Bund Frühlingszwiebeln, in Stücken
100 g Mangold, in Stücken
100 g Lychees
100 g Ananas, gewürfelt
100 g Mangos, gewürfelt

Außerdem:
½ l Fleischbrühe
½ Tasse Sojasauce
1 Tasse Reiswein
2 EL Tomatenmark
2 EL Honig
½ Tasse Austernsauce
1 Prise Safran
1 Schale Sojasauce
1 Schale Nüsse, gehackt

1. Das Filet und die Leber unter fließendem Wasser abwaschen und gut abtropfen lassen.
2. Das Fleisch in Würfel schneiden, mit dem Gemüse und den Früchten dekorativ in Schälchen anrichten.
3. Die Fleischbrühe mit der Sojasauce, dem Reiswein, dem Tomatenmark, dem Honig, der Austernsauce und dem Safran vermischen und bei mäßiger Hitze 5–8 Minuten in einem Fonduetopf köcheln lassen. Dann abschmecken.
4. Die Schälchen, die Brühe und die übrigen Zutaten auf den Tisch stellen. Je nach Geschmack Fleisch, Gemüse und Früchte in Garkörbchen geben und in der Brühe garen.
(auf dem Foto oben)

FEINSCHMECKER-TIP

Wie bei allen asiatischen Zubereitungen werden die Zutaten entweder in dünne Streifen, in Rauten, Vierecke oder in Scheibchen geschnitten. Je nach Art der Zutat wird die Größe immer so festgelegt, daß die Produkte in etwa die gleichen Garzeiten haben. Ist dies einmal nicht möglich, so wird in erster Linie durch das Kurzbraten in Öl die Zeit an die anderen Zutaten angeglichen.
Wer dann noch ganz besonderes Gemüse auf den Fonduetisch bringen will, der sollte das kurzgebratene oder blanchierte Gemüse marinieren. Zum einen wird dadurch die Brühe intensiver, und zum anderen bekommt das Gemüse dadurch einen ganz besonderen Geschmack.

MONGOLENTOPF

Für 4 Personen
Zubereitungszeit: ca. 25 Min.
ca. 2170 kcal/9115 kJ

150 g Gänsebrustfilet
150 g Entenbrustfilet
150 g Schweinefilet
100 g Bambussprossen
100 g Brokkoliröschen
200 g Glasnudeln, halb gegart

Außerdem:
¾ l Geflügelbrühe
½ Tasse Hoisinsauce
2 Knoblauchzehen, gehackt
1 Tasse Sherry medium
½ Tasse Obstessig
1 Pfefferschote, gehackt
1 Schale Ananasschaum
1 Schale Currysauce

1. Die Filets in dünne Scheiben schneiden.
2. Sprossen und Gemüse unter fließendem Wasser abwaschen, gut abtropfen lassen und mit dem Fleisch und den Glasnudeln dekorativ in kleinen Schälchen anrichten.
3. Die Geflügelbrühe mit der Hoisinsauce, dem Knoblauch, dem Sherry, dem Obstessig, der Pfefferschote in einen Fonduetopf geben und bei mäßiger Hitze 5–8 Minuten köcheln lassen. Dann abschmecken.
4. Die Schälchen, die Brühe und die übrigen Zutaten auf den Tisch stellen. Je nach Geschmack die Zutaten in Garkörbchen geben und in der Brühe garen.
(auf dem Foto unten)

REZEPTVERZEICHNIS

Abkürzungen:
cl = Zentiliter
EL = Eßlöffel
g = Gramm
kg = Kilogramm
l = Liter
P. = Päckchen
TL = Teelöffel

Kalorien-/Jouleangaben:
Alle Kalorien-/Jouleangaben in diesem Buch beziehen sich auf das gesamte Fonduegericht; die Kalorien/Joule für Saucen und Fett sind nicht eingerechnet.

Zubereitungszeit:
Alle Zubereitungszeiten in diesem Buch sind ohne die Marinierzeit angegeben.

„FALKEN Feinschmecker“ ist eine exquisite Kochbuchreihe, deren Bände immer einem besonderen Thema gewidmet sind. So kommt jeder Genießer auf seine Kosten. Fragen Sie Ihren Buchhändler.

CIP-Titelaufnahme der deutschen Bibliothek

Spötter, Michael:
Fleischfondues: Schlemmen in geselliger Runde / Michael Spötter. –
Niedernhausen/Ts.: Falken-Verl., 1988
(FALKEN Feinschmecker)
ISBN 3-8068-0966-6

ISBN 3 8068 0966 6

Titelbild und Fotos: Fotostudio L'EVEQUE – Harry Bischof, München
Foodstyling: Axel Dreher, München

Die Ratschläge in diesem Buch sind von Autor und Verlag sorgfältig erwogen und geprüft, dennoch kann eine Garantie nicht übernommen werden. Eine Haftung des Autors bzw. des Verlages und seiner Beauftragen für Personen-, Sach- und Vermögensschäden ist ausgeschlossen.

Gesamtproduktion: Falken-Verlag GmbH, D-6272 Niedernhausen/Ts.

817 2635 4453 6271